脂肪がスルスル
落ちていく

1分
水飲みダイエット

ダイエット外来医師 工藤孝文 著

飛鳥新社

ダイエットに必要なのは、水だった!?

食事には気を遣っている。
毎日、なるべく歩くようにもしている。
それなのに、微動だにしない体重&体脂肪率。
もしかしたら、あなたに不足している
ダイエットのピースは〝水〟かもしれません。

水ごときでダイエットがうまくいく⁉　そう思いましたか？

よく知られているように、成人の体のおよそ60％は水分です。

その水分がなかなか入れ替わらずにいたとしたら、どうなるでしょうか。

何日も張り替えない風呂の水が濁っていくように、体の中には排出されないままの脂肪や老廃物が溜まり、肥満はもちろんのこと肩こり、便秘、肌荒れといった多くの人が悩まされている不調から、気分の落ち込みなどメンタル面への影響、さらには生活習慣病など深刻な不調も生じかねません。

このような溜め込み体質から脱してやせ体質へとスイッチするためには、体内の水分をしっかり循環させなければなりません。

そして、循環させるための第一歩となるのが、きれいな水を定期的に補給することなのです。

「1分水飲みダイエット」では、水分補給を習慣にしやすいように、1日に7回のタイミングで水を飲むことを提案しています。

もちろん、ただ水を飲むだけではなく、よりやせ体質へと早く近づくために〝1分〟かけて水を飲むことを提唱しています。

たかが1分、されど1分。

この1分には、私がダイエット外来の専門医として8年間で10万人をやせさせてきた経験から導き出した、ダイエット成功に欠かせない大切なポイントが凝縮されています。

食への強い衝動とストレス。

この2つはダイエットの大敵であり、打ち負かすのが本当に難しい強敵です。

しかし、1分という時間をかけて水を飲むことで、この2つの強敵に取り込まれることなく、「やせたい」という自分の気持ちを大切にすることができるようになっていきます。

水を飲むだけなので、初期費用はかかりません。特別に準備するものもありません。

本書を閉じた瞬間から、どなたにでもはじめていただけます。

私のクリニックに通われていた方では、「1分水飲みダイエット」で苦労することなく1カ月で4kg前後やせられた方が何人もいます。

1カ月後、あなたもそのひとりになっているかもしれませんよ。

水を飲むとやせる！元気になる！前向きになる！

1日に必要な量の水をしっかり飲めていると、体にはさまざまなうれしい変化が起こります。

食欲抑制

食前に水を飲むことで空腹感を落ち着かせることができます。同時に、胃腸が働くことで副交感神経が優位になり、ガッツきたい衝動が落ち着きます。

代謝がよくなる

血液が体中の細胞に必要な栄養や酸素を届け、不要になった老廃物を回収します。水を飲むことでこの代謝のシステムがうまく働き、太りやすい体質から脱却できます。

疲れにくくなる

体内の水の巡りがよければ、疲労物質などの老廃物がしっかりと排出され、疲れが残りにくくなります。

免疫力アップ

体に水分が満ちていて血液の循環がいいと、免疫機能がきちんと働いて、風邪などのウイルスに負けない体へと近づけます。

頭痛の予防

体内の水分が不足すると、脳に必要な水分や酸素が届かず、頭痛を起こしやすくなります。

眠りの質が向上

日中、体に水が満ちた状態をキープできていると、寝ている間に脳のお掃除システムが効率よく働き、翌朝もスッキリと目覚められます。

認知機能アップ

1日に1～2ℓの水を飲むことで、認知能力が30％程度向上するという研究結果もあります。

リラックス効果

水を飲むことで副交感神経が働き、体全体の緊張感を取ることができます。レモンなどのフレーバー水を活用すれば、よりリラックスできて食欲の暴走を抑えることができます。

便秘解消

そのほとんどが水分である便は、体内の水分量が不足することで硬くなり、排出されにくくなってしまいます。

あなたの水分不足度チェック

- □ 自分は、水を飲んでも太る体質だと思う
- □ 喉の渇きや口のねばつきが気になる
- □ 汗をかきにくい
- □ 唇がカサついている、または
  唇の縦じわが目立つ
- □ 便秘気味
- □ むくみが気になる
- □ (朝一番の尿を除き) 尿の色が濃い
- □ 1日にトイレに行く回数が4回以下
- □ 意識的に水を飲んでいない
- □ ダイエットに取り組んでも、なかなか
  成果が出ない

ひとつでもチェックがついた方は水分不足の可能性大!

巡りのよい体を取り戻すには、適切な水分摂取が欠かせません。今日から1分水飲みダイエットをはじめましょう!

今日からできる！ 1分水飲みダイエット

「1分水飲みダイエット」は、飲み水さえあればOK。知ったその日、その瞬間からどなたでも手軽にはじめていただけます。

飲み水はお住まいの地域によっても条件が異なるとは思いますが、基本的には水道水で大丈夫。水道水の味が苦手という方は、ポット型や蛇口に取りつけるタイプの浄水器を利用してもいいですし、より健康効果を狙いたい方はミネラルウォーターを購入するのもよいでしょう。

ミネラルウォーターはスーパーなどで手軽に購入できますが、ネックになるのはもち運ぶ際の重量感でしょう。最近ではネットスーパーなどで配達をお願いできますし、ウォーターサーバーを導入して定期的に水が届くようにするという選択肢もあります。

いずれにしても重要なのは、飲み水の種類ではなく、自分が続けやすい方法をみつけることです。

ダイエット外来の医師としてこれまでに10万人の患者さんと向き合ってきましたが、ダイエットが頓挫《とんざ》してしまう大きな原因のひとつにストレスがあります。

飲みたくもない水を無理やり飲んだところでストレスが溜まるだけ。自分の口に合う水を選ぶのがなによりも大切です。また、水の調達方法も自分にとって無理のない方法を探してみましょう。

「1分水飲みダイエット」は短期決戦ではなく、一生ものの健康法です。水を飲むことは一生続いていくものですから、自分の暮らしや性格と照らし合わせ、続けやすい方法を選択してください。

また、水は味がしないから苦手という方には、レモン水などのフレーバー水をおすすめしています。詳しくは3章でご紹介していますので、そちらを参考にしてください。

1分水飲みダイエットのやり方

水を飲むタイミングは1日7回

❶起床後すぐ

寝ている間に失われた水分を補給し、内臓を活性化させる。

❷朝食前
❸昼食前
❹夕食前

気持ちを落ち着かせて、食への衝動を鎮《しず》める。

1回に飲む水の量はコップ1杯（200〜250ml）

毎回、水の量を量って飲むのは大変なので、いつも使っているコップにどれくらいの水が入るのか、最初に量っておきましょう。

コップ1杯を1分かけて飲む

一口ずつ味わうようにして、ゆっくり、呼吸を落ち着かせて、1分かけて飲みましょう。さらに効果を高める飲み方は、2章で詳しく解説します。

❺入浴前
❻入浴後

入浴前に飲むことで発汗を促し、汗などで失われた水分を入浴後に補給する。

❼就寝前

就寝中に失われる水分により脱水にならないよう寝る前にも水を飲む。

1分水飲みダイエットでスッキリやせた！

便秘でうつうつとした気持ちで毎日を過ごしていましたが、1日7回、コップ1杯の硬水を飲むことで便秘が改善。気持ちも前向きになり、自然と食欲が落ち着いて1カ月で4kg弱もやせることができました！（40代女性）

体重

87.9kg → 84.0kg

-3.9kg

「つい、食べちゃう。そのついの中にはニセの食欲が潜んでいますよ」という工藤先生の言葉が今でも忘れられません。ニセの食欲を退治するため、ついなにか食べたくなったらコップ１杯の水を１分かけて飲むようにと教えてもらい実践したところ、いかに自分が無自覚に食べていたかを思い知りました。最初の１カ月で４．２kg も体重が落ち、その後も、本当に空腹かどうか水を飲みながら落ち着いて考えることが習慣になったのでリバウンドもありません。（40 代女性）

体重

91.8kg → 87.6kg

-4.2kg

脂っこい食事や甘いお菓子ばかり食べたくなるのは、自分の食の好みだから仕方ないと思っていました。しかし、工藤先生に仕事のストレスやプレッシャーがそういう食事を私に選ばせていると教えてもらい、同時に、食前や間食がしたくなったときに1杯の水を1分かけて飲むことで食欲を落ち着かせる効果があるとご指導いただきました。最初は「そんなことくらいで？」と思っていましたが、とんでもない！　効果は絶大で1カ月で4．1kgも体重が減りました。（40代男性）

体重

100.6kg → 96.5kg

-4.1kg

いかがでしょうか。実際にやせた方々の体験談を一部ご紹介しました。

皆さん、いろいろなやせられない原因をおもちです。しかし、「1分水飲みダイエット」という取り組みで、やせられただけでなく、体の不調や生活習慣も改善しました。

そのほかの体験談も4章で詳しくご紹介しています。皆さんに似たタイプの方がきっといらっしゃるはずです。ぜひ参考にしてみてください。

「水を飲むだけでやせられる」。

そんな夢みたいな方法をぜひ本書でチェックしてください。

はじめに

日頃、意識して水を飲んでいるでしょうか？
「私は、水を飲んで太る体質」だから、水を飲まない？
「水なんて味がしなくて、とても飲めたもんじゃない」から、清涼飲料水ばかり飲んでしまう？

肥満で悩む方の大半が、水を飲む習慣をもちません。それどころか、いろいろな言い訳を用意して、水を飲まないでいいように自分を納得させていたりもします。

私のクリニックにはダイエット外来があり、毎日、大勢の方が肥満を解消したいという思いを抱いて受診されます。

食事中の水分摂取には、気持ちを落ち着ける効果と早食いを防止する効果があり、ダイエット外来の患者さんに「食事中にも水を飲んでくださいね」と指導することがあります。

すると、大抵の方は、「食事中に水なんて飲んだら、胃液が薄まっちゃって消化不良になっちゃう」と心配するのです。

でも、考えてみてください。食事中に味噌汁などの汁物を飲むのは普通のことですし、アルコールを飲みながら夕飯を食べる方もいるでしょう。食事中に水を飲んだからといって、胃が荒れるようなことはありません。

こういった誤った思い込みは、ダイエットを挫折させる障壁です。

人は、飲まず食わずでは数日で命を落としてしまいますが、水さえ飲むことができれば、1カ月近く生き延びることも不可能ではありません。

多くの方がこの事実を耳にしたことがあるでしょう。そして、水は人体にとって不可欠なものであるということに異論を唱える方もおそらくいないでしょう。

しかし、日本人のほとんどが慢性的な水不足に陥っています。ポット型浄水器で有名なブリタが、20~60代の男女643名に行った調査によると、1日に1・5ℓ以上の水分補給をしている人は、およそ25%。わからないという回答を除く65・2%の人の水分補給量が不足しているという結果が出ています。

本書では、水が人間の体でどのような働きをするのか。そして、その働きによって体がどう変わっていくのかを詳しく解説しています。

まずは解説をしっかり読んで、「自分は水を飲んで太る体質だ」という思い込みを払拭《ふっしょく》してください。そして、「水は味がしないから飲めない」という方は、フレーバー水をご紹介していますので、ぜひ試してみてください。

6ページでもお伝えしたように、本書では水の素晴らしさを再認識するとともに、ダイエットが順調にはかどるように1分という時間をかけて水を飲むことを推奨しています。

1回につき、1分。1日7回水を飲むとして、7分。

1日にわずか7分の習慣をもつことで、体を内側から整えていくことができ、その結果としてやせやすい体質になると同時に、小さな不調に悩まされない健康な体へと近づくことができます。

私たちのもっとも身近にある水を味方につけて、一生涯続けられる「1分水飲み」という習慣を手に入れ、いつまでも健康に動ける快適な体を手に入れましょう。

contents

1章

日本人の9割が知らない「水の効果」

2章 1分水飲みダイエットでやせる

3章

「飽き」と「悩み」はフレーバー水で解消しよう

contents

4章 1分水飲みダイエットで本当にやせた！

巻末　1分水飲みダイエットQ&A

編集協力　今富夕起
ブックデザイン　別府　拓（Q.design）
イラスト　しゅんぶん
校正　矢島規男

1章

日本人の9割が知らない「水の効果」

成人の体の約60%は水分で構成されている

なぜ水を飲むことが重要なのか。その答えは単純明快で、よく知られているように人間の体重の約60%が水分だからです。

年齢や性別によって違いはありますが、おおよその目安では、赤ちゃんは80%、成人で60%、高齢者でも50%以上が水分で構成されています。

水分というとイメージしにくいかもしれませんが、全身をかけ巡っている血液やリンパ液もそれぞれの管の中を流れている水分ですし、筋肉にもたっぷり水分が蓄えられています。そう考えると、確かに、体内には水分がたくさんありそうだな、と思えてきませんか？

実際には、血液やリンパ液以外にも細胞などの間にある組織液（間質液《かんしつえき》）などさまざまな役割をもつ水分が体の中にはあり、医学的にはそれらを総称して体液と呼んでいます。

全身には37兆個の細胞があるといわれていますが、この細胞の1つひとつにも「細胞内液」と呼ばれる水分が含まれています。細胞の外には、「細胞外液」があり、血液やリンパ液も細胞外液に含まれます。

次のページから詳しく解説していきますが、人体の最小単位である細胞が活発に働くためにも水分が必要不可欠ですし、人は水分を体内に蓄えられなくなっていくことで老化します。**人間が健康に生きていく上で、水は絶対に欠かしてはならないものなのです**。

体内での水の役割とは

私たちにとってもっとも身近で、体内で重要な働きをする水分の筆頭が血液です。血液の量は体重の13分の1程度といわれ、体重50kgの人ならおよそ3・8kg（3800ml）、60kgの人ならおよそ4・6kg（4600ml）もの血液が体内にある計算になります。

血液は全身を巡りながら細胞が必要とする栄養や酸素を届け、細胞から排出された老廃物や二酸化炭素を回収します。この細胞の活動こそが代謝です。

もし、あなたが「自分は太りやすい」と感じているのなら、細胞の働きが低下したために代謝が落ち、脂肪を溜め込みやすくなっているのかもしれません。

では、なぜ代謝が落ちるのでしょうか？　実は、ここにも水が関係しています。血液中の水分が不足すると血液はドロドロになり、血流が悪くなります。すると、全身に栄養が行き渡らなくなり、おのずと細胞の働きは低下します。細胞が活発に働かないということは、そのまま、代謝の低下を意味します。だから、水を飲まない人は太りやすいのです。

また、**肥満傾向にある方は、疲れやすさを感じる人も多いですが、それもまた水不足によって細胞の働きが低下し、老廃物が体内に長く留まったり、エネルギーが生み出されなかったりするために起きてしまうのです。**

やせるためにも水は必要ですし、健康に、元気に、若々しく生きるためにも体内を必要な量の水で満たすことが重要なのです。

意識すべきは、1日の水分の出し入れ

水は飲めば飲むほどいいというわけではありません。

茶色い水の入ったバケツがあったとして、そこに真水をいくら足しても薄い茶色にはなるものの透明な水にはなりませんね。**茶色い水と透明な水を丸ごと入れ替えなければきれいな水にはならないように、体内の水も出ていく分を補給して毎日入れ替えるという意識が大切です。**

一般的に、1日に体から出ていく水分は、尿・便・呼吸・汗などをトータルして2・5ℓ程度といわれています。

そして、1日に摂取する水分量は、食事と細胞が代謝するときに発生する体内水を合わせて1・3ℓで、残りの1・2ℓを飲み水から摂る必要があるといわれて

1日の水分摂取量
食事1.0ℓ＋体内水(代謝水)0.3ℓ
＋飲み水1.2ℓ
＝2.5ℓ
1日の水分排出量
尿・便1.6ℓ＋呼吸や汗0.9ℓ
＝2.5ℓ

います。

本書で提唱する1日7回×200～250mlでは、1・4～1・75ℓの水を摂取することができ、1日の必要量を十分にカバーすることができます。

よく、「たくさん水を飲むとむくむのでは?」と聞かれますが、真実はその逆。腎臓の働きが低下していない限り、多めに摂った分はその大半が尿として排出されますので心配いりません。

不思議だなと思うのは、皆さん水を飲みすぎることは心配しても、飲まないことの弊害には目を向けないのです。

人体の構造からみても、十分な量の水を日々補給することが必要ですし、ダイエットや健康長寿の観点からも水分摂取はとても重要です。

水分の中身は、やっぱり水がいい

水には体に負担をかけたり、体内のバランスに著しく影響を与えたりするような栄養素は入っていません。ですから、**極端に摂りすぎない限りは、誰もが安全に健康に近づけるスーパードリンク**なのです。

しかし、当然ながら水以外の飲み物にもメリットはあります。私がよくおすすめしている緑茶には、内臓脂肪を減らす効果のある茶カテキン、コーヒーにはやせ物質のクロロゲン酸などが含まれていたりします。その効果に頼りたくなる場面は多々あるはずです。

何事もバランスで、水しか絶対に飲んじゃダメ、ということもなければ、お茶やコーヒーばかり飲んでいればやせられる、ということでもありません。

1日7回の水分摂取は、基本的には水にして、リラックスタイムなどに緑茶やコーヒーを飲んでホッとひと息つく。そういった、当たり前の日常の感覚の中で過ごす分には、なにを飲んでも問題はないはずです。

「○○しか飲んじゃダメ」「○○がいいと聞いたからたくさん摂ろう」、そんな偏《かたよ》った考え方ではすぐに飽きてしまい、まず長続きしません。新しい情報を得ることは有益ですが、自分の中にある当たり前の感覚も忘れないようにしたいものです。

ただひとつ覚えておいていただきたいのは、**カフェインやアルコールの作用として利尿作用があること**。

先ほど、水の出入りのバランスを取ることが大事だと申し上げましたが、たとえばビールならば飲んだ本数10本に対して、11本分のおしっこが出るといわれています。すると、バランスを取るためには、1本分の水を多めに摂ることが必要ですね。

健康のためには、お酒と一緒に水も用意してこまめに水分摂取をしましょうといわれる背景には、このようなことがあるのだと覚えておきましょう。

また、息抜きの緑茶やコーヒーを1杯程度飲む分にはなにも問題ありませんが、1日に5杯6杯と飲むのが習慣になっているようであれば、そのうちの1杯を水に変えるような習慣を身につけたいところです。

水を飲むと脂肪の代謝がうまくいく

水は摂取するだけではなく排出することが大切な理由のひとつに、脂肪の代謝が挙げられます。**ダイエットとは、体内に溜め込んだ不必要な脂肪を代謝して、排出すること**にほかなりません。

しかし、**いくら運動をして脂肪を燃焼しても、その排出がうまくいかなければ脂肪は体内にとどまってしまい意味がない**のです。

では、脂肪の代謝とはいったい、どのような状況を指すのでしょうか。

中性脂肪は、代謝すると老廃物（水と二酸化炭素）になり、呼吸や汗、尿などから体外に排出されます。しかし、血流が悪くて老廃物の排出がうまくいかなかったり、自律神経がうまく働かず汗をかきにくかったりすると、思うままやせられないということが起こります。

体内の水分が十分にあれば、血液はサラサラの状態を保ちながら全身を巡ることができます。しかし、**体内の水分の2％が不足しただけでも血流は悪くなり、汗や尿などの排出力も弱まる**ため、日々の水分摂取が重要なのです。

一見、水を飲むことと脂肪を蓄えることに関連はなさそうに思うかもしれませんが、血液が巡らない体は代謝が悪くなり、脂肪を溜め込みやすくなってしまうのです。

和食好きこそ水を飲もう

和食は、主食・主菜・副菜が揃うことでさまざまな栄養をバランスよく摂ることができ、洋食に比べて脂質やカロリーが低いことからヘルシーな食事だといわれています。

確かに、そのとおりなのですが、**和食でひとつだけ気にしたいのが塩分**です。味噌汁、漬物、梅干し、塩鮭、アジの干物などよく食卓に並ぶメニューは塩分をしっかり含んでいます。さらに和食では味つけに使用する醤油や味噌などの調味料でも塩分を摂取しています。

高血圧学会が推奨する食塩摂取量は1日6g未満ですが、味噌汁1杯に1・5～2gの塩分が含まれていると考えると、いかに塩分の摂取量を抑えるのが難しいかがわかりますね。

「私は高血圧ではないから塩分を多めに摂っていても大丈夫」

そう思うかもしれませんが、コロラド大学のリチャード・ジョンソン教授が、塩分過多が太るスイッチをオンにしてしまう、というマウスによる研究結果を発表しています。

そのメカニズムはこうです。大昔の暮らしは、自然現象に大きな影響を受けていました。そのうちのひとつが、干ばつです。長い間雨が降らないことによって土地は干上《ひあ》がり、人々は飲み水の確保にも苦労したのです。

飲み水が不足すると脱水状態となり、命の危機にさらされます。

血液中の水分が不足すると体内の塩分濃度が高くなってしまいます。これを解消するために、ジョンソン教授いわく「サバイバル・スイッチ」が入ります。

実は、体内に蓄えている脂肪は、燃焼するときにほぼ同じ量の水を生み出し、体内の水分不足解消、および塩分濃度が高くなりすぎるのを防ぎます。

つまり、**体内の塩分濃度が高くなると、命の危機に備えてサバイバル・スイッチがオンになり、脂肪を蓄えるように働いてしまうのです。**

そして、ジョンソン教授が提唱する解決策こそが、「水を飲むこと」。

食前にコップ１杯の水を飲むことで体内の塩分濃度を適切に保つようにすることが大事だと結論づけています。

水を飲んで便秘解消

排便時にするんと気持ちよく出る、俗にいうバナナうんちはその80%が水分です。ちなみに残りの20%のうちおよそ3分の1が食べ物のカスで、もう3分の1が腸内細菌、残りの3分の1がはがれ落ちた腸粘膜だといわれています。

当然ながら、便に含まれる水分量が少なくなるほど便はカチカチになり、排便しづらくなります。便が硬くなりがちな方は、意識的に水分摂取をすることが必要です。

また、便秘の方の中には、意識的に食物繊維を多く含む食べ物を摂るようにしている方もおられるでしょう。食物繊維は水分を吸収する性質がありますので、水分が不足すると便はどんどん硬くなっていってしまいます。

食物繊維を摂り、十分な水が摂取できていれば便のカサも増えますし、それによって腸の蠕動《ぜんどう》運動が起こりやすくなるなど、便秘解消にプラスに働きます。いずれの場合でも、体内が水分不足に陥らないよう、日々の水分摂取が大切です。

便秘でお悩みの方に対しては、水を基本とした水分摂取をおすすめします。すでにお伝えしたとおり、コーヒーや紅茶、緑茶などカフェインを含む飲み物には利尿作用があり、摂取した量よりも出る量のほうが多くなってしまいます。1日1杯程度であれば大きく影響はしませんが、コーヒーや緑茶を2杯、3杯と飲む方は、1日7回の1分水飲みの際に、少し多めの量を飲むようにするなどしてバランスを取るといいでしょう。

便秘解消を目的として飲む水にこだわりたい方には、硬水をおすすめします。**硬水には、便秘の方に処方されるのと同じマグネシウムが含まれていますので、便秘解消の効果が期待できます。**

反対に、お通じのよい方で硬水を飲むと軟便になってしまうというケースもありますので、ご自身のお腹の調子と相談しながら水の種類を選ぶといいと思います。

腸内環境が整うと、免疫力の向上、自律神経のバランスを整える、血液の質がよくなって全身状態が上向くなどの健康効果が期待できますので、定期的な排便の習慣をつけるためにも、1日7回、しっかり水を飲みましょう。

水を飲むとイライラが鎮まる

緊張する場面で、喉がカラカラに渇いた。そんな経験が誰にでもあると思います。これは、緊張によって自律神経のアクセル役である交感神経が高まり、唾液の分泌量が減ったために起こります。

また、交感神経が優位に働くと、血管は収縮して心拍数は速くなり、呼吸も浅くなります。いわば、体は興奮状態にあり、メンタル的にもイライラしたり攻撃的になったりしがちなのです。

なんだか落ち着かない。ちょっとしたことでイライラする。攻撃的になる。そんな実感のあるときは、水を飲みましょう。

水を飲んで胃腸が働くと、自律神経のブレーキ役でリラックスを司る副交感神経の働きがアップすることがわかっています。水を飲んだあとに、ふーっと長めに息を吐いて深呼吸すれば、リラックス効果はさらにアップ。

怒って興奮状態の人に「まあまあ、水でも飲んで落ち着いて」などと声をかけるのは日常のよくある光景ですが、これは医学的にも効果が証明されていることなんですね。

また、硬水に多く含まれるマグネシウムやカルシウムには鎮静作用があるといわれています。

日常的にイライラしがちな人やちょっとした一言に反応して強めにいい返してしまうなどの自覚がある方は、普段から硬水を飲むようにするのもいいかもしれません。

水を飲んで仕事効率アップ！

「頭がモヤモヤして、考えがまとまらない」

「やらなければいけない仕事があるのに、どうにもこうにも集中できない」

まるで脳に霧がかかったようなブレインフォグの状態を経験したことがある人は多いのではないでしょうか。


しかし、その原因が水不足にある、と考えられる人は少ないと思います。

人間の脳は75％が水分だといわれていますから、当然、水分が不足すればその機能に影響をもたらすことは自明の理です。


体内の水分のうち、わずか2％を失うだけで頭がぼんやりしたり、判断力が鈍

くなったりするなどの認知機能に障害が出るといわれています。人によっては、めまいや吐き気などを感じる場合もあるようです。

デスクワークが中心でほとんど座りっぱなしなのに、どうして脱水症状になるんだろう？　と思うかもしれませんが、実は、その座りっぱなしの状態こそが脱水状態を招くのです。

長時間、同じ姿勢のままでいると血流が悪くなり、脳の細胞に必要な水が届かなくなります。これによって脳脱水状態となり、ブレインフォグを招くのです。また、冷暖房の効いた室内は空気が乾燥し、自分では汗をかいている実感がないまま、皮膚から水分が失われていきます。適切な水分補給をしなければ体から水分が出ていく一方のため、やはり、脱水状態になってしまうというわけです。

頭を働かせて効率的に仕事をするためにも、水分摂取を欠かさないようにしましょう。

水を飲んで寝ると脳がクリーンになる

人は寝ている間に、呼吸や就寝中にかく汗などで500～600mlの水分を失うといわれています。ですから、就寝前に水を飲んで体内の水分が枯渇しないようにする必要がありますし、起きたらコップ1杯の水を飲んで失われた水分を補給することが重要です。

体内の水分が不足すると血液がドロドロになって、血流が低下します。実はこれが、就寝中の脳にとって大ダメージなのです。

血液は全身を巡り、栄養や酸素を届けると同時に排出された老廃物などを回収するというのはすでに述べたとおりです。これは脳においても同様なのですが、

脳の老廃物の排出は睡眠中にもっとも活発に行われることがわかってきています。

入眠して深い眠りであるノンレム睡眠に入ると、脳の老廃物除去機能であるグリンパティックシステムが稼働します。

日中の脳は、神経細胞やグリア細胞(神経細胞以外の細胞の総称）などで埋め尽くされており、老廃物を運び出すとおり道が細くなっていて、排出作業がはかどりません。

ところが、就寝中にグリンパティックシステムが働くと、グリア細胞がギュッと縮まって老廃物を回収するとおり道が広くなり、一気に排出作業がはかどります。

当然ですが、老廃物がしっかり排出されていれば翌朝の目覚めがスッキリしますし、日中の脳の働きも向上して仕事がはかどるようにもなります。

加齢とともに低下していく人が多い認知機能も、少しずつ脳に老廃物が溜まっていくのがその原因のひとつではないかともいわれています。就寝中にしっかりグリンパティックシステムを働かせることが大事なのです。

夜、しっかりグリンパティックシステムを働かせるためには、就寝前の水分補給が大切なのはもちろんですが、日中から水分が満ちた状態をキープし、巡りのよい状態を常に保つ心がけが重要です。

水を飲んで免疫力アップ！ウイルスに負けない体に

冬場になると風邪が流行するのは、体内の乾燥と空気の乾燥が大きな理由です。夏など汗をかく季節は、体から水分が失われていっているのを実感しやすいのですが、冬場になると汗をかいている実感がなく、水分補給をついおろそかにしてしまうという方が増えてきます。

しかし、**季節に関係なく呼吸をしているだけでも体内から水分は失われていきます**し、空気が乾燥する冬は汗が出ないだけで、皮膚の表面からは水分が失われていっているのです。冬になると肌がカサカサに乾燥するのは、体が水分不足に陥っているなによりの証拠です。

体内の乾燥は、イコール、血液中の水分不足に直結します。白血球などの免疫細胞は血液によって全身に運ばれていきますので、**血液がドロドロで血流が悪くなると、それだけで免疫力も低下してしまうのです**。

さらに、血流が悪い、イコール、新陳代謝が低下するということですから、手足が冷えたり体温が低くなったりといったことが起こります。低体温では免疫細胞の働きが悪くなるので、やはり風邪をひきやすくなってしまいます。

また、鼻や気管には、ウイルスなどの異物をそう簡単には体内に侵入させないように線毛《せんもう》という細い毛があります。この線毛の働きもまた、水分不足によって低下してしまうことがわかっています。

水分摂取によって線毛の潤いが保たれていれば、ウイルスを体外へと排出する機能がきちんと働き、風邪などをひきにくくなるということがいえるのです。

年間を通じてマスクをするのが当たり前の日常となり、こまめな水分補給をしにくくなっていることも、体内の水分不足を招く原因です。

冬場は汗をかいている実感をもちにくいため、ペットボトルや水筒などをもち歩いてこまめに水分補給をすることを検討されてもよいでしょう。

動いて、ひねって、排出力を高める

飲んだ分は、しっかり排出する。好循環の体を目指すためには、やはり、適度な運動が欠かせません。

デスクワークの方、車での移動が中心の方、家の中で動いているよりも座っている時間のほうが圧倒的に長い方。ずっと座りっぱなしでいると血流が滞り、水はけの悪い体になってしまいます。

解消するためには、1日7回の水を飲むタイミングで、80ページでご紹介するストレッチを組み合わせるのが効果的です。また、**できれば1時間に1回は立ち上がって肩を回したり、腰をひねったりして、体に刺激を与えましょう**。

もう少し頑張れるようであれば、エスカレーターを使わず階段を上る、スーパーでは入り口から一番遠いところに車を停めて歩くようにする、家のゴミ箱をひとつだけにしてゴミを捨てるときには立ち上がるようにするなど、小さなことでいいので1日の活動量を上げる努力をしてみましょう。

ふくらはぎの筋肉は血流を促すポンプのような役割をしていますので、デスクワークの合間に脚を宙に浮かせて、足首をぐるぐる回すだけでも巡りをよくする効果があります。

排出力を高めるために1時間歩こう、などと最初から目標設定を高くしすぎると挫折の原因になりますので、自分のできる範囲で、これなら続けられそうというものをみつけて取り入れてみてください。

筋肉は体の貯水庫。筋力アップで柔軟な体へ

摂取した水分を体内でしっかり循環させ、体外に排出できる水はけのよい体を目指すために、意識しておいてほしいのが筋力を衰えさせないことです。

筋肉は体の「貯水庫」などとも呼ばれていて、実に、**筋肉の70〜80％が水分によって構成されているのです。** 筋肉は水分で満たされているからこそ、体の動きに合わせてしなやかに伸縮させることができるのですね。

反対に、体内の水分が枯渇すると、筋肉はその柔軟性を失ってしまい、肩こりや腰痛などの痛みを引き起こしたり、ちょっとしたアクシデントでもケガをしやすくなったりしてしまいます。

筋肉が伸縮する際には、筋グリコーゲンと呼ばれる糖の一種がエネルギー源として使われ、筋グリコーゲンが分解する際に疲労物質としてよく知られている乳酸が生成されます。

筋トレをしたりランニングをしたり、少し強度の高い運動をすると疲れが残るのは、この乳酸の仕業。しかし、体が水分で満たされていれば、血液が乳酸を回収して体外へと排出してくれるため、疲労除去までの時間も早くなります。

つまり、筋力アップの運動後の疲れを残さないためにも水分は必要であり、体内に効率よく水を蓄えておくために筋力アップが欠かせない、ということ。少なくとも、現在の筋力を維持しておこうと意識することが大切です。

筋力維持のためには、まず歩く機会を増やすこと。そして、階段をみつけたら、無料でトレーニングできるチャンスだと思って積極的に上り下りすることです。**階段の上り下りでは下半身の大きな筋肉を使うため、平地を歩くよりも筋トレの効果が高まります**。

column

硬水と軟水の違いってなに？

市販のミネラルウォーターは「硬水」と「軟水」に大きくわけられますが、これらのなにが違うのかというと、硬度です。

硬度は、水１ℓ当たりに含まれるカルシウムやマグネシウムの含有量によって決まり、WHO（世界保健機関）の定める基準では、含有量120mg以上が硬水、120mg未満を軟水としています。

硬水は飲んだときの口当たりが重たく、飲み込むときに喉に引っかかるような感覚を覚える人もいるようです。日本のミネラルウォーターのほとんどが軟水で、こちらは口当たりも喉ごしもまろやかで飲みやすいと感じる人が多いようです。

硬水は不足しがちなカルシウムや便秘対策にもよいマグネシウムを摂取できるのが魅力ですが、人によっては軟便や下痢などの症状を伴う方もいますので、決して無理はせず、自分の体や好みに合うものを選ぶことが重要です。

2章

1分水飲みダイエットでやせる

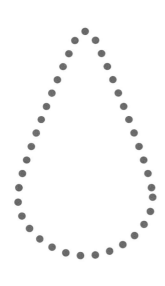

なぜ1分水飲みダイエットでやせられるのか

ダイエットに水が不可欠であることは1章でもご説明してきましたが、さまざまな文献においてもその事実を確認することができます。

たとえば、ドイツの公立小学校32校のうち、半分にウォーターサーバーを設置して水を飲むことを推奨し、残り半分にはなにもアプローチをしないという実験が行われました。1年後、ウォーターサーバーを置いた学校では、肥満の生徒がなにもしない学校より31％も少なかったという結果が出たそうです。

水を飲むことが肥満予防につながった、ということがいえますし、水を意識的に飲むことをしないと肥満になりやすい、ということもいえそうです。

私は8年以上、ダイエット外来の医師として肥満に悩む患者さんたちと向き合ってきました。そして実際に、「水を飲みましょう」とアドバイスもしています。

体内の循環をよくするために水が欠かせないというのも大きな理由ではありますが、一番の目的は、気持ちを落ち着かせること。**食事の前に水を飲んで冷静さを取り戻すことで、食欲を正常化させることが真の目的なのです**。

というのも、肥満傾向にある人の多くに、早食いや大食い、またはその両方の特徴がみられます。空腹であることに耐えられず、手っ取り早くお腹を満たしたいという衝動から、自分で料理をするよりも市販の弁当やコロッケなどの惣菜、冷凍食品が食卓に上る機会も増え、その結果、摂取カロリーが増えたり味つけの濃い食べ物を口にしたりすることも多くなります。

シンプルに表現するならば、**食べたい欲求が強いあまり冷静な判断ができなくなっている**のです。

考えてもみてください。心の底では「このままではいけない。やせたい」と思っ

ているのに、実際には、高カロリーな食べ物を短時間で体が必要とする以上に食べているのです。とても冷静な判断ができている状態とは思えません。

そこで、心の中の欲求である「やせたい」という思いと、「体によいものを味わって食べる」という行動を一致させるために、水を飲むというワンクッションが必要になるのです。

そして、ここがもっとも重要な点ですが、コップ1杯の水を一気飲みするのではなく、1分かけてゆっくりと飲み干します。これによって、気持ちが落ち着くと同時に胃袋も水分によって少し満たされて、手軽な食べ物にガッツくという状況から離れることができるのです。

「そんな単純なことで？」と疑いの眼差しを向ける方がいるかもしれませんね。でも、簡単であればあるほど続けやすく習慣化しやすいもの。私はダイエット外来の専門医として常にその簡単な方法を模索していますし、その中で効果があると確信したものをこうしてお伝えすることを使命と感じているのです。

そもそも一気に大量の水を飲んでしまうと、体内の塩分濃度が低下し逆に健康を害してしまいます。しかし1分かけるだけで、水を飲む効果を最大に活かせるのです。

わずか1分で闘わずして空腹感に勝つ

空腹のときにイライラしてしまう。感情のコントロールが難しくなる。そんな経験はないでしょうか。

空腹時は血糖値が下がり、いわゆる低血糖の状態になります。感情を司る脳のエネルギー源は糖ですから、**不足してくると感情が不安定になり、判断力や決断力が鈍くなります**。

その一方で、**血糖を上げるためにアドレナリンやドーパミンなどの興奮系のホルモンが分泌されるため、イライラしたり攻撃的になったりもしてしまうのです**。

脳からは「早く糖を補給しろ！」と指令が出されている状態で、判断力や決断力は鈍っていて、オラオラ系の攻撃的な気分にもなっている。この状況下で、冷静な判断をしろというほうが無理。**ダイエットや健康にいい食事を自らの意思で選び取るのは、実はとても大変な作業なのです**。

ですから、食前に水を1杯飲むことで、まずは、冷静さを取り戻す。そうすることによって、本当に体が必要としている食事を選びやすくなっていきます。

空腹時は、アクティブモードの交感神経が優位な状態ですが、水を1杯飲むことでリラックスモードの副交感神経に切り替わります。講演会などでも緊張した面持ちの登壇者が水を1杯飲むことで気持ちを落ち着ける。そんな場面を目にしたことがあるでしょう。水を飲むことで胃腸が刺激され、副交感神経の働きが高まるので、ああいった行動は理に適っているのです。

1日3食、衝動に任せたままの食行動を続けている人と、食前のわずか1分水を飲んでメニュー選びをした人では、1カ月後、2カ月後の体に差が出て当然です。

さらにいうと、肥満傾向にある人は、ニセの食欲に振り回されて食べすぎてしまうことも多いのですが、水を飲むことで一旦冷静さを取り戻せると、自分が本当に空腹かどうかを確認するゆとりができます。

実際、この1分水飲みダイエットを実践していただいた方には、「喉の渇きが解消されたら、食べたい気持ちが治まった」という方もいらっしゃいます。食べすぎ防止に一役買っていることは間違いありません。

「1分」×「水」の組み合わせがストレス食い対策に効果を発揮する

ストレスが引き起こす過食のことを「エモーショナル・イーティング」といいます。「無性に甘いものが食べたくて仕方がない」「お腹が空いていないのに、つい食べ物に手が伸びてしまう」「ダメだと思えば思うほど、食への欲求が強まるばかり」。このようなことが頻繁にあるとすれば、それは、ストレスが抗《あらが》えない食欲の引き金になっている可能性があります。

一口にストレスといっても、その原因はさまざまです。仕事のプレッシャー、対人関係などは自覚しやすいストレス源ですが、引っ越しや転職による環境の変化もストレス源になりますし、外部からの刺激という意味では気温や気圧の変化などもストレス源といえます。

スマホばかりみて光の刺激を受け続けていることも体にとってはストレス。日々、多くの情報に接している私たちは、毎日、たくさんのストレスを受け続けているのです。

ストレスを感じたとき、体ではさまざまな反応が起こります。副腎皮質から分泌されるコルチゾールは、体を興奮状態にすることでストレスに抗おうとすることから、抗ストレスホルモンとも呼ばれています。

コルチゾールが分泌されると、血糖値や血圧が上昇します。常に強いストレスにさらされ続けていると高血糖の状態が続いてしまい、この高血糖を保つために「甘いもの」が食べたくて仕方なくなってしまうのです。

また、ストレスを感じたときにはアドレナリンの分泌も高まりますが、このアドレナリンには肝臓に貯蔵しているグリコーゲンという糖質を分解する働きがあり、体はいざというときのために蓄えている糖質が使われてしまうとそれを補充しようとして、やはり「甘いもの」を欲するようになります。

ストレス食いの正体は、体がストレスに対処しようとする自然な反応で、人間に備わった本能のようなもの。それだけに、意志の力で抗おうしても本能には負けてしまうのです。

しかし、本能のままに甘いものを食べていては、太ります。ですから、その本能を鎮めるために、1分かけて水を飲むのです。

ストレスがかかった体は興奮状態、つまり、アクティブモードの交感神経が優位な状態です。それが、水を飲んで胃腸を動かすことで副交感神経が働きやすくなり、かつ、1分という時間で心を落ち着けることでさらに体をリラックスした状態へと導くことができます。

すると、先ほどまで興奮状態だった体が落ち着きを取り戻し、「甘いものを食べたい！」という本能からの欲求も鎮まります。そうなれば、しめたもの。意志の力が入り込む隙《すき》が生まれ、「今、本当に食べたい？」「やせたいのにこの甘いものを食べるのが正解？」と自分自身と対話する余裕も出てきます。

自分の体なのに、本能には抗えない。

なんとも不思議な感じもしますが、本能には抗えないけれど、人間には知識がある。これを強みに変えて、本能に打ち勝つための行動をとればいいのです。

そのひとつが、私が考案したこの1分水飲みダイエットです。誰でも手軽にはじめられるのに、その効果は思った以上。「これはストレスによるエモーショナル・イーティングかな？」と思うようなときはとくに、ゆっくりと時間をかけて水を飲んでみてください。より確かな効果を感じられるはずです。

1分水飲みダイエットのやり方

最初は食前の3回だけ実行してもよいですが、1日トータルの水分摂取量を増やしていきたいのと、それぞれのタイミングで飲むことにはきちんと意味がありますので、1日7回を目標に実践してみましょう。

水を飲むタイミングは1日7回

❶ 起床後すぐ　**寝ている間に失われた水分を補給し、内臓を活性化させる**

❷ 朝食前
❸ 昼食前
❹ 夕食前
　水分の補給と気持ちを落ち着かせて、食欲に振り回されるのを防ぐ

❺ 入浴前　入浴前に飲むことで発汗を促し、入浴中の脱水を予防する
❻ 入浴後　汗などで失われた水分を入浴後に補給する
❼ 就寝前　就寝中に失われる水分により脱水にならないよう寝る前にも水を飲む

1回に飲む水の量はコップ1杯（200〜250ml）

毎回、水の量を量って飲むのは大変なので、いつも使っているコップにどれくらいの水が入るのか、最初に量っておきましょう。

起床後、朝食前、入浴前後、就寝前は200ml、空腹感の強い昼食や夕食の前は少し多めに250mlなどとしてもOK。

コップ1杯を1分かけて飲む

コップの水を何回かにわけ、1分かけて飲み干します。一口ずつ味わうようにして、ゆっくり、呼吸を落ち着かせて、1分かけて飲みましょう。

水の種類

自分が続けやすいものでかまいません。あえて、おすすめを挙げるのであれば、**マグネシウムやカルシウムが多く含まれていて便通の改善なども期待できる硬水がダイエット向き**かと思います。しかし、中には硬水を飲むと下痢をしてしまうとか喉に引っかかるような喉越しが苦手という方もいらっしゃいます。

水の種類にこだわらず、続けやすさを優先させてください。

水の温度

基本は、**常温の水を飲むことをおすすめします**。ただ、季節や時間帯によって少し温めて白湯《さゆ》にしたり、冷えた水を飲んだりしても問題ありません。**自分の体が快適だと感じるその感覚を優先させましょう**。

❼ 就寝前
❶ 起床後すぐ
❻ 入浴後
❷ 朝食前
❺ 入浴前
❸ 昼食前
❹ 夕食前
水の種類
続けやすいものでOK!
水の温度
・基本は常温
・季節によって温度を調整する

1分かけて水を飲むコツ

その1【マインドフルネス】

コップが唇に触れた感覚、口の中に入ってきた水の温度、喉をとおりすぎるときの感覚、食道を通過して胃へと到達した水が全身へと行き渡るのをイメージします。

自律神経研究の第一人者である順天堂大学医学部・小林弘幸教授の研究で、**イメージの力によって副交感神経の働きが高まる**ことが確認されています。

また、**水を飲む時間を自分との対話に使うのもおすすめです**。たとえば朝なら、水を飲みながら今日の体調を確かめる。
朝昼夜の食事前は、自分が今どのくらい空腹を感じているか、なにを食べたいと思っているか、ひとつ前の食事を思い出して足りていない栄養素はなにかといったことを考える時間に充てるのもいいでしょう。

入浴の前後は、今の体の状態に目を向けてみましょう。いつもと比べて足のむくみはどうか、今日１日の疲労度はどの程度か、入浴によってどのくらいリラックスできたかなど、心身の状態を確かめる時間にしてみてはいかがでしょうか。

そして夜は、1日の振り返りの時間です。今日はどんな1日だったのか、印象的だった出来事を思い出したり、時には少し反省もしたり。落ち込む日もあって当然ですが、いずれの場合も**最後は「今日も頑張った」「今日は○○できてよかったな」など前向きな言葉で締めくくって、布団に潜り込みましょう**。

その2【深呼吸】

興奮しているときは「ハッハッハッ」と呼吸が早くなり、交感神経が優位に働いている状態です。一方、落ち着いているときは呼吸もゆったりしています。ゆっくり行う深呼吸には興奮を落ち着かせ、副交感神経を刺激して心身をリラックスさせる作用があります。

水を一口飲んだら、4秒かけて鼻から息を吸い、8秒かけてフーッと口からゆっくり細く息を吐きます。これを5回くり返すと12秒×5回でちょうど60秒ですね。水を飲むことと深呼吸の相乗効果で、気持ちがスッと落ち着くのを実感できるはずです。

その3【ストレッチ】

マインドフルネスや深呼吸を取り入れても1分が思いのほか長く感じられる。実践するのであれば、少しでも早く効果を出したい。そんな方は、水を一口飲むごとに簡単なストレッチを取り入れてみましょう。

体に取り込んだ水は血液となって全身を巡ることはすでにご説明したとおりです。しかし、日中はデスクワークで座りっぱなし、家ではほとんど動かずに読書や動画視聴をして過ごしていたといった場合には、血流が悪くなってしまっています。

そこで、水を一口飲むごとにゆっくりとした動作でいいので全身を動かしてみましょう。

一口飲んだら10秒くらいかけて首を回す↓また一口飲んだら10秒くらいかけて肩の上げ下げや肩を前後に回す↓次の一口を飲んだら腰に手を当てて後ろを振り返るように腰を左右にひねる↓最後の一口を飲んだら10～20秒ほどその場で足踏みをする。

全身を動かせばどんなストレッチでもかまわないので、体を気持ちよく動かして全身の血流をよくしていきましょう。

そうすることで、**飲んだ水が全身へと行き渡るのを手助けし、水を飲んだ効果をより感じやすくなります**。

column

いくら体に必要でも、飲みすぎ注意！

東洋医学では、体内に水が過剰に溜まった状態を水滞《すいたい》という体質に分類します。

ここでいう水とは、血液やリンパ液、唾液、尿、胃や腸にある水分などすべてを指します。

水滞は体の巡りが滞った状態であり、必要以上の水や排出できなかった老廃物も溜まりやすくなると考えます。本来、体に必要のないものが滞留することで、さまざまなトラブルが生じやすくなるのです。

水滞の主な症状としては、むくみ、頭痛、倦怠感、めまい、胃腸の不調などが挙げられます。

水滞は、水の飲みすぎだけでなく、排出力が弱っていることが考えられます。水は１日の中でちょこちょこ飲むのが望ましいので、１日の活動量が極端に少ない日は、１回に飲む量を少なめにするなどして様子をみましょう。また、排出力を高めるためには適度な運動が必要です。散歩をする、エスカレーターに乗らず階段を上るなど、脚の筋肉を使うことを意識してみましょう。

3章

「飽き」と「悩み」は
フレーバー水で解消しよう

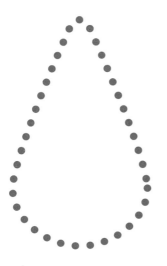

ダイエットの大敵「飽き」はフレーバー水で解決！

人間は、飽きる生き物です。どれだけ好きな味でも、3日も食べ続ければ飽きる人が多いでしょうし、糖質制限など結果の出やすいダイエット方法も3カ月や半年とやり続けられる人はほとんどいないのではないでしょうか。

私のダイエット外来では、多くの場合、週に一度の受診で食生活や気持ちの変化を見極め、「翌週までこれをやってみましょう」というアドバイスをひとつ2つします。皆さん、やせたいという目的が明確ですから、1週間程度であれば中だるみせずに頑張れる人が多いのです。

そして、週にひとつ2つの課題に取り組む中で、自分にとってやりやすいものや生活、好みに合うものが、習慣として根付いていきます。**よい習慣が積み重なり、これまでの太りやすい生活習慣と置き換わっていくことで新しい生活習慣が自分のものになれば、リバウンドの心配もありません**。ここが、ダイエットの目指すべきゴールです。

水は人間が生きていく上で必要不可欠なものですから、本書で提案している1分水飲みダイエットも、よい習慣として根付いていくことが望ましいのはいうまでもありません。

ですから、まず**人間は飽きっぽい生き物だという前提を受け入れて、いかに自分を飽きさせないかを最初から考えておくのが得策です**。

1分水飲みダイエットの場合、水に飽きるというよりも「水以外のものを飲みたい」と感じる方が多い印象です。また、「水は味がしないから苦手」という方もいらっしゃいます。

どちらの方にもおすすめできるのが、水にレモン果汁などを加えた「フレーバー

水」です。

果汁の種類を変えれば味わいも変わり、飽きることがありません。さらにいえば、水を炭酸水に変えると喉越しが変わって清涼感がアップします。

「もう、水を飲むの飽きちゃったな」と感じたときは、そこで止めるのではなく、味わいを変えてみる。そんな柔軟な対応をして、よい習慣として根付かせていってほしいと思います。

王道レモン水はやっぱり最強

フレーバー水の中でも、もっとも取り入れやすく、プラスアルファの効果が高いのがレモン水です。

レモンに含まれる、ポルフェノールの一種であるヘスペリジンという成分には、腸内で脂肪の吸収を抑える働きがあるといわれています。

そして、水溶性食物繊維であるペクチンは食欲を抑える効果に加え、腸内環境を整える作用もあるため、便秘がちな方にも効果的でしょう。食前にレモン水を飲むようにすると、ペクチンの作用で血糖値の上昇を抑えるような効果も期待できそうです。

さらに、柑橘《かんきつ》系の香り成分であるリモネンにはリラックス効果があり、ちょっとしたことでイライラしたり、せっかちで交感神経が優位になりがちなタイプの方にもおすすめです。

レモンにはビタミンCが含まれていたり、海外のモデルが「レモン水ダイエットでやせた」などと発信したりしたことで、美容面ばかりがクローズアップされがちですが、レモン水には肝臓の機能を高め、毒素や老廃物の排出を促進するような効果も期待できるといわれています。水を飲んで体の巡りをよくし、さらに、排出力もアップすれば、より健康に近づけます。

ただ、一点だけ気をつけたいのは、レモンは酸性なので胃に負担をかけてしまう場合があるということです。ストレスなどで胃が痛くなったり、胃がウィークポイントであるという自覚があったりする方の場合には、水に入れるレモン果汁の量を調節して胃の負担にならないように気をつけましょう。

レモン水の作り方

レモン水は、生のレモンでも市販のレモン果汁でも、冷凍のレモンでも作ることができます。ご自身のライフスタイルや味の好みで選んでかまいませんし、その時々の気分でどれにするかを決めるのでもなにも問題ありません。

「これじゃなきゃダメ」という思考はストレスのもと。絶対にレモン水でなければダメということでもありませんので、水でもレモン水でも柔軟に取り入れていきましょう。

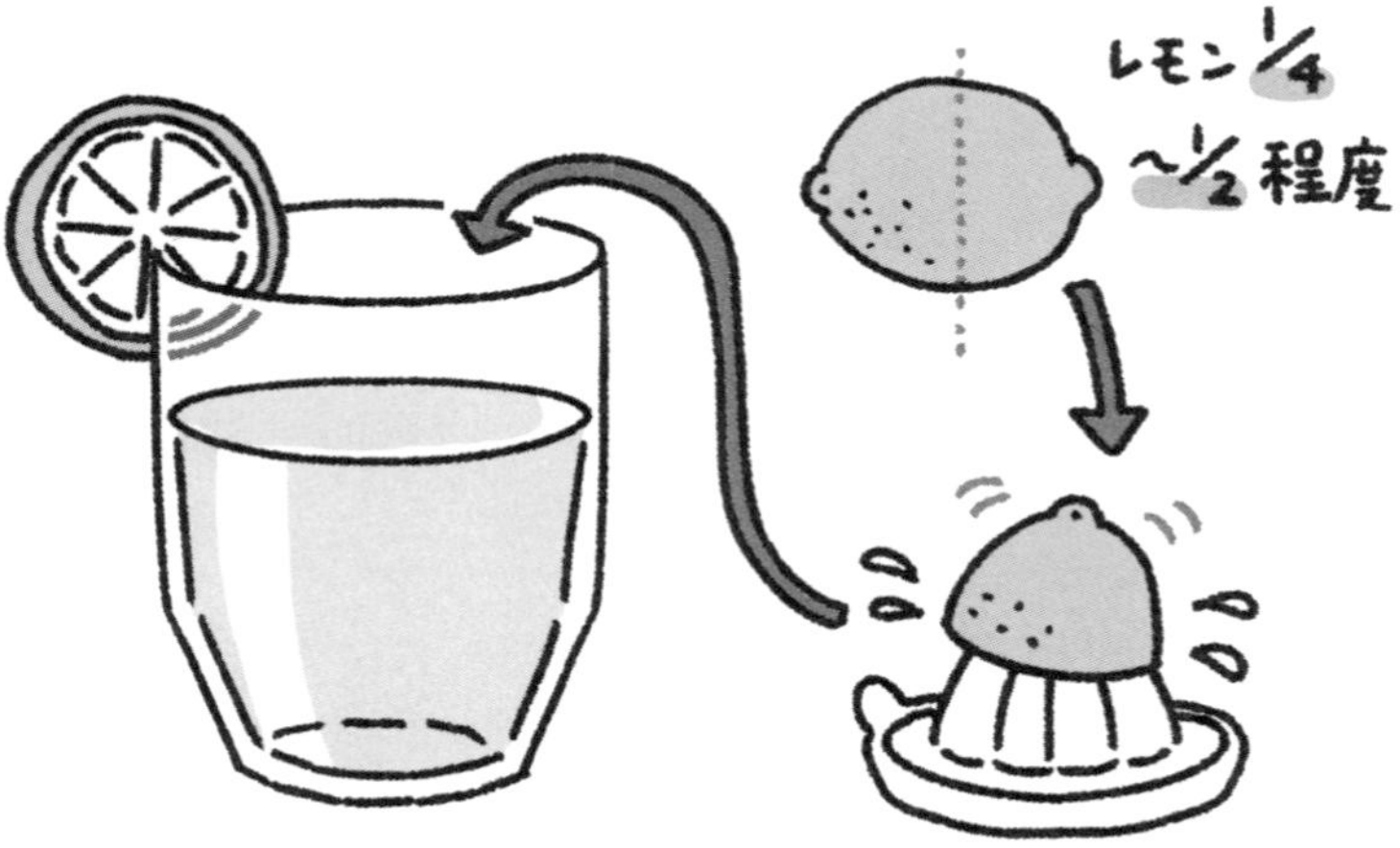

生レモン

コップ１杯分の作り方
コップ１杯（２００〜２５０ml）の水に対し、
レモン１／４〜１／２個程度を絞って入れる。

作り置き

１ℓの水に対してレモン１個分の搾り汁を入れる。

※長期保存には向かないため、その日に飲み切るようにしましょう
※レモンをスライスして入れてもよいですが、長時間そのままにしておくと皮の渋みが出るため１時間程度で取り出すことをおすすめします。また、スライスしたレモンを皮ごと入れる場合は、できるだけ無農薬のレモンを使うようにすると安心です

レモン果汁

コップ1杯分の作り方
コップ1杯（200〜250ml）の水に対し、
レモン果汁小さじ1〜2杯程度を入れる。

○作り置き

水にレモン果汁を入れるだけという手軽な方法なので
作り置きはせず、その都度入れるのがおすすめです。

※市販のレモン果汁の賞味期限は開封後2週間程度のものが多いようです。
あまり長い期間おいておくとカビなどが生えることがあるので気をつけましょう

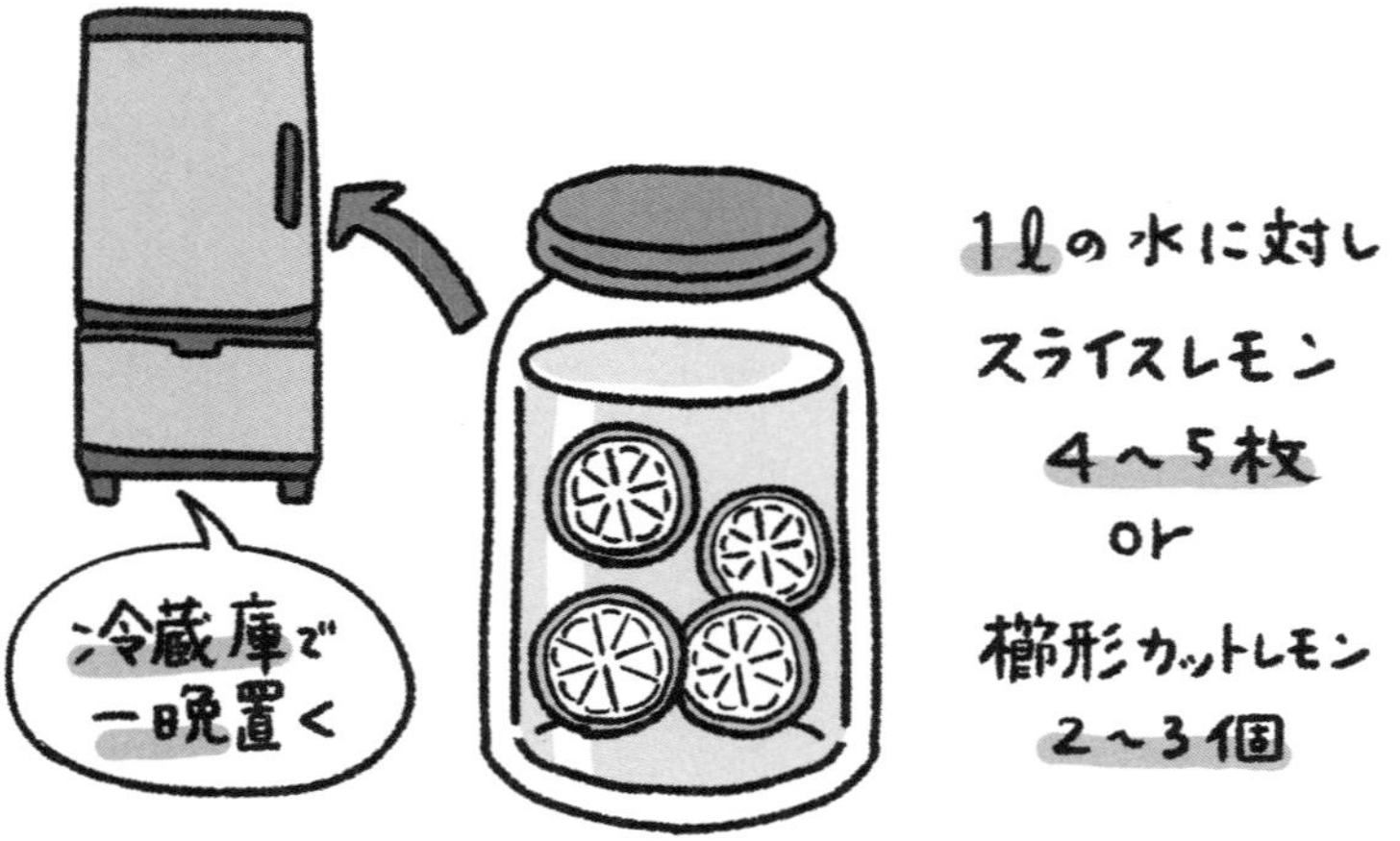

冷凍レモン

作り置きの方法
1ℓの水に対し、スライスレモンなら4〜5枚、
櫛形《くしがた》のカットレモンなら2〜3個を入れ、
冷蔵庫に入れて一晩置きます。
冷凍レモンは成分が水に溶け出すのに時間がかかるため、
1杯分を作るのには不向き。作り置きするのがおすすめです。

※皮付きのスライスレモンを使う場合は、皮から渋みが出ることがあります。
渋みが苦手な方は、2〜5時間で様子をみながら取り出してください

旬《しゅん》の果物を使ったフレーバー水

旬の果物にはその時期に必要な栄養素がたっぷりな上、安価で手に入るのも魅力です。一方で、たくさん買った果物を食べきれずに余らせてしまうこともよくあります。そんなときは迷わずフレーバー水として活用しましょう。

生のフルーツから栄養素が水に溶け出すまでには8～10時間程度は必要だといわれていますので、前日の夜に仕込んで、翌日に飲み切るのがベストです。

フレーバー水の作り方

①５００ml 〜１ ℓ くらいの容器を用意します。
②容器にカットしたフルーツを入れ、水を注ぎます。
③冷蔵庫に８〜 10時間入れて完成です。

目的別おすすめフレーバー水

※フルーツの量は目安です。季節によっても味わいが変化しますので、ご自身のお好みに合わせて量を調節してください
※カットの仕方は参考として記しています。大きさや厚みなどはお好みで調節してください
※どのフルーツもカットしたあとに容器に入れて適量の水を注ぎ、冷蔵庫に一晩置きます

むくみ解消　スイカ

目安量　水500ml：スイカ150g

スイカは、皮を切って3cm程度の角切りにします。

スイカに多く含まれるシトルリンには血流を改善する効果があり、カリウムには利尿作用があるため、体内に溜まった水分をスムーズに排出するアシストをしてくれます。

脂肪燃焼を促進 グレープフルーツ

○ 目安量　水５００ml：グレープフルーツ１／３個

グレープフルーツは、皮と白いワタを切り落とし、
厚さ２〜３cmのいちょう切りにします。

グレープフルーツの香り成分ヌートカンには脂肪燃焼を促進する効果があるといわれます。また、新陳代謝を促すクエン酸、利尿作用のあるカリウムも含み、代謝が向上する助けになります。

腸内環境を整える　キウイ

○ 目安量　水500ml：キウイ1個

キウイは皮をむき、1cm幅の輪切りにします。

キウイは便秘解消に欠かせない水溶性食物繊維と不溶性食物繊維をバランスよく含むフルーツ。腸内環境を整えたい方は、フレーバー水を飲みながら、果実も一緒に食べるとよいでしょう。

血流改善 ブルーベリー

○目安量　水500ml：ブルーベリー80g

ブルーベリーはよく水洗いをします。
旬の季節以外は冷凍ブルーベリーを活用するのもおすすめです。

ブルーベリーは抗酸化力に優れたアントシアニンを含み、血中コレステロール値を改善したり、血圧の上昇を抑制したりするなど、血管を若々しく保ち血流をよくする効果が期待できます。

お手軽、冷凍フルーツのフレーバー水

もっと手軽にフレーバー水を楽しみたいときは、冷凍フルーツを使うのが簡単で便利です。冷凍フルーツはあらかじめ皮をむいてカットされているので、容器に入れてそのまま水を注ぎ、冷蔵庫に一晩おいておくだけで完成します。

ひとつのフルーツだけを使用してもいいですし、冷凍フルーツの手軽さを活かして、数種類を組み合わせるのもおすすめの方法です。

疲労除去
&リラックス
ブルーベリー×レモン
便秘解消
オレンジ×グレープフルーツ×りんご
脂肪燃焼
&アンチエイジング
いちご×ラズベリー×ブルーベリー

フレーバー水のアレンジを楽しもう

冷え予防に生姜《しょうが》をプラス

冷え症の方はもちろん、寒い季節に冷えたお水を飲むのが苦手という方は、体を温める作用のある生姜をフレーバー水に加えてみましょう。

生姜はよく洗い、皮付きのままスライスして水に好みの量を加えます。

味が決まらないときはレモンをプラス

おいしいけど、なんだか味がぼんやりしている。そんなふうに感じるときは、あと入れでもいいのでレモンのスライスやレモン果汁を追加してみましょう。飲んだあとのスッキリ感がアップする上、レモンの酸味が味をまとめてくれます。

炭酸水で爽快感をプラス

ただの水にも飽きたし、フレーバー水も定番化してしまった。そんなときは、水を炭酸水に置き換えてみましょう。とくに夏場などは、炭酸のシュワシュワとした爽快感が加わり飲みやすくなります。

また、夜の晩酌を減らしたい、やめたいという方にも炭酸水はおすすめです。炭酸水に搾りたてのレモンやグレープフルーツを加えると喉越しがスッキリして、酒量を減らすのに役立ちます。

column

炭酸水のちょい飲みは逆効果!?

炭酸飲料を飲むとお腹が膨れるような感覚がありますよね。炭酸は水と二酸化炭素が混ざり合ったものですが、胃に入ると分離して、二酸化炭素が胃の中で膨らみます。これによって満腹中枢が刺激されて、食前に炭酸水を飲むと食欲が抑えられ、ダイエット効果があるのです。

しかし、その効果を得るためには、250 ～ 300ml は飲む必要があることをご存知でしょうか。150ml 程度だと胃の中に二酸化炭素が広がらず、胃壁の血管を刺激して、かえって食欲を増進させてしまうことがあります。

そう考えると、1日7回の水分摂取のうち、食前の3回を炭酸水にして少し多めの量を飲む、という取り入れ方がもっとも負担が少ないのかもしれません。

また、1分水飲みダイエットで飲んでいいのは炭酸水であって炭酸飲料ではありません。炭酸飲料のほとんどが糖質を多く含みます。これを食前に飲むと血糖値が急上昇しダイエットには逆効果。レモンなどのフレーバーがついた炭酸水もありますが、無糖のものを選びましょう。

4章

1分水飲みダイエットで本当にやせた！

タイプ別1分水飲みダイエット体験談

ダイエット外来を受診された方の中には、1分水飲みダイエットでラクに体重を減らせた方がたくさんいます。あなたに似たタイプの方もきっといるはず。ぜひ参考にしてみてください。

【早食いタイプ】（30代女性）体重90kg→85・2kg（4・8kg減）

空腹がなによりも嫌いで、少しでもお腹が空くとイライラ、ソワソワ。なんでもいいからすぐにお腹を満たしたい！　そんな欲求が強かったAさんは、1回の食事にかける時間も短く、早食いの自覚もありました。

テレビ番組などの情報から、「一口ごとに20回噛む」とか「一口ごとに箸《はし》を置く」ということを試したこともあるそうですが、いざ食べ物を前にすると食べ終わるまで無心で食べてしまうということでした。

気持ちを落ち着かせるために水を飲もう

お腹が空くと一刻も早くなにか口にしたい。食べ物への衝動が強いタイプの方は、必然的に早食いになりがちです。

まずは、食事前に1分かけてコップ1杯の水を飲んで気持ちを落ち着かせることを指導しました。衝動が強くなっているときは、いわば、周りの状況がみえていない状態。それが水を飲むことによって目線が上がり、冷静になれるのです。

さらに、Aさんには飲み干したコップにもう1杯お水を入れて、それを食事中にも飲むようにとお伝えしました。

食事中に水分を摂るのはよくないと思っている方も多いですが、汁物を食事と一緒に摂るのが当たり前であるように、食事中に水を飲んでもなにも問題ありません。むしろ、Aさんのように早食いの方は、食事中に水を飲むことでいったん冷静になる時間をもつことができます。

よく知られるように、**食べはじめてから満腹中枢にお腹がいっぱいだという信号が送られるまでに20分必要です**。しかし、早食いだとその信号が出る前に食べ物を一気に食べてしまうので、結果的に食べる量が増えてしまいます。

食事中の水分摂取によって落ち着いて食事ができるようになると、満腹感にも気づけるようになり、これまでよりも少

ない量で満腹感が得られるようになっていきます。

【〝つい〟食べすぎタイプ】（40代女性）体重73・8kg→69・6kg（4・2kg減）

「朝ごはんはちゃんと食べているのに、10時を過ぎるともうお腹が空いちゃって、〝つい〟つまみ食いをしちゃうんです」

「午後、テレビを観ているとなんだか口寂しくて、〝つい〟お菓子をつまんじゃうんですよねぇ」

明るく朗らかなBさんは、「〝つい〟やっちゃうんですよね～」と悪気なく、あっけらかんとした様子でお話をされます。

しかし、この〝つい〟の積み重ねが太る大きな原因になっていました。

ニセの食欲に振り回されないようにしよう

Bさんだけではなく、喉の渇きや口寂しさといった「ニセの食欲」に振り回されて、1日の食事量が増え、オーバーカロリーになっている方は少なくありません。

Bさんには、**「なにか食べたいな」と思ったときや、冷蔵庫や戸棚を開けてガサガサと食べ物を探している自分に気がついたら、まず、1分かけて水を1杯飲む**ように指導をしました。

加えて、水を飲み終えてから「本当にお腹が空いているか」「今、なにか食べたいと感じているか」を自分自身に問うようにとお話ししました。

その結果、〝つい〟食べ物に手が伸びるちょこちょこ食べの回数が激減し、1カ月で4・2kgの減量ができました。

【ストレス食いタイプ】（40代男性）体重92・2kg→88・1kg（4・1kg減）

営業職で毎日時間に追われるように忙しく働いているCさん。その上、責任感の強さや面倒見のよさから自分のことはあと回し、多くのストレスを抱えているようでした。

昼食はカツ丼や天丼といった丼ものを選ぶことが多く、また仕事の区切りがつくたびに、チョコレートや砂糖入りの缶コーヒーを飲むということでした。

スイッチを作りましょう

ストレスのかかる仕事やイベントがあったあと、甘いものや脂っこいものを食べたいと思ったことはないでしょうか。

これは、**甘いものや脂っこいものを食べると脳から幸せホルモンが出るため、ストレス解消行動としてこのようなものを食べたくなるのです**。

ストレスフルな状態のあと、体は交感神経が優位になっており、食への衝動も強く、甘いものや脂っこいものへの欲望を意志の力で打ち消すのは困難です。

解消法としては、交感神経優位の状態から副交感神経優位の状態へと切り替えること。そのスイッチとして、Cさんには「1分水飲みダイエット」を実践してもらいました。

水を飲むときは、目の前にある水に集中をして、呼吸はゆっくりするよう心が

けてもらいました。1日に数回、マインドフルネスの状態を作ることで自律神経のバランスが徐々に整っていき、食への衝動も次第にコントロールできるようになっていきました。

その結果、Cさんは「意志の力で食べる物を我慢するのではなく、食べたい物が自然と変わっていった」ことにより、1カ月で4・1kgの減量ができました。

【肩こり過食タイプ】（40代女性）体重88・2kg→82・9kg（5・3kg減）

Dさんの仕事はデスクワークで、座っている時間が長い上に通勤も含めて移動はほぼ車という生活。もう何年もの間、つらい肩こりに悩んでいました。

しかし、その肩こりが食欲を亢進《こうしん》させているとは思いもよらなかったようです。

水とストレッチを組み合わせて血流をよくしよう

肩こりは、端的にいうと血流が悪くなっている状態です。**長年のひどい肩こりによって交感神経が過剰に働き続けると、それだけで太る原因にもなります。**

というのも、交感神経が優位だと脈拍は速くなり、血管は収縮して、血中にある糖がエネルギーとして使われにくくなります。すると、血糖値が高い状態が続き、太りやすくもなりますし、糖尿病やその予備軍になる可能性も高まります。

水を飲むと副交感神経が働きますので、意識的に水を飲む習慣のなかったDさんには、本書で紹介している1日7回のタイミングで水を飲むようにアドバイス。同時に、1分かけて水を飲む間、一口ごとに肩を回したり、肩甲骨を寄せたりするようなストレッチを紹介し、実践してもらいました。

デスクワークでは時間を気にせずつい根を詰めてしまいがちですが、1日に何回か肩を回すタイミングを設けることで肩周辺の筋肉の緊張がほぐれ、Dさんいわく「水を飲んで肩を回すと頭がスッキリして、以前よりも仕事がはかどるようになった」ということです。

肩こりを解消するのは時間が必要ですが、1分水飲みとストレッチの相乗効果で食欲のコントロールができるようになり、体重が落ちていくとさらに気持ちが前向きになるといういい循環も生まれ、順調に体重を落とすことができました。

【慢性便秘タイプ】（40代女性）体重71・2kg→67・3kg（3・9kg減）

慢性的な便秘に悩んでいたEさん。4、5日出ないのは当たり前。代謝の悪さからお腹の辺りに脂肪が溜まっていました。また、腹部の不快感からか背中も丸まっており、目線は常に下を向いているので診察中もなかなか目線が合うことがありません。

便秘にはマグネシウムが有効！

便秘がちな人は、老廃物がお腹に溜まった状態で、代謝も低下しています。硬水は、便秘に悩む方に処方されることの多いマグネシウムを多く含みますので、日常的に飲むように指導したところ、便秘が改善。

便秘による不快感が解消したことから精神的にも前向きになり、腸内環境の改善などによって代謝もアップ。ストレス食いを減らすことにも成功し、1カ月で3・9kgも体重を減らすことができました。

【更年期タイプ】（50代女性）体重84・6kg→79・1kg（5・5kg減）

50歳で更年期の折り返し地点にいたFさんは、以前よりもイライラすることが増え、また、時折襲ってくる不安感にも悩まされていました。

感情のコントロールが難しく、行き場のない気持ちを食べることで解消することが増え、じわじわと体重が増加。それがまたストレスとなりさらに食べてしまう、という悪循環に陥っていました。

イライラを手放すお守りを作りましょう

男女問わず、加齢によって副交感神経の働きは低下していき、交感神経が過剰に働く方が増えてきます。また女性の場合、50歳を基準としてその前後5年間を更年期といいますが、この時期はホルモンバランスが大きく崩れ、その影響で自律神経のバランスもまた大きく崩れます。

イライラや焦燥感は更年期特有の症状ですが、食べることで幸せホルモンが分泌されるため、手っ取り早い解消法として食に走る方が少なくありません。

しかし、女性はホルモンバランスの影響で更年期を境に糖尿病のリスクが高まる上に、肩こりタイプの解説でもお伝えしたように、交感神経が優位な状態が高血糖の状態を作り出してしまうため、できるだけ副交感神経が働くように自分から仕向けていく必要があります。

Fさんには、1日7回の1分水飲みダイエットを実践していただくとともに、イライラしたり、不安感が強くなったりしたときにも、一口ずつを確かめるようにゆっくりコップ1杯の水を飲むようにアドバイスしました。

水を飲むと気持ちが落ち着く。これがお守りのような役割を果たし、リラックスして過ごす時間が増え、それとともに体重の増加もストップ。太る前の体重に近づけることができました。

巻末

1分水飲みダイエットQ＆A

Q 1分水飲みダイエットをはじめたらトイレが頻繁になって心配です

A トイレに行く回数が増えるのは健康の証です！

入る量が増えれば、出る量も増えて当然です。以前より水を飲む量が増え、その分、トイレに行く回数が増えたのであれば、それは、体内で水の入れ替えが順調に進んでいる証ですので心配することはないでしょう。

逆に心配なのは、水の摂取量が増えているのにトイレに行く回数が変わらないというケースです。腎臓などの臓器の働きが低下している可能性もありますので、尿量が増えず、身体にむくみなどが現れるときは、医療機関を受診しましょう。

Q 日頃からむくみがちで、水を飲むとよけいにむくみそうで不安です

A むくみは水を飲まないと起こります。水を飲んでむくみを解消しましょう

むくみは体内に水を溜め込んだ水はけの悪い状態です。そこにさらに水を入れたらもっとむくむのではないか。そう考えてしまう気持ちはわかります。

しかし、真実はその逆。**水を飲むからむくむのではなく、水を飲まないからむくむのです**。

本書で何度もお伝えしていますが、人は水なしでは数日間しか生きられない生き物です。体内の水分量の不足は、そのまま生命の危機ですから、体はこれ以上水分量が不足しないようにと、水を蓄える方向に働きます。その結果が、むくみです。

体内の水分量が不足すると血液の循環が悪くなり、老廃物が排出されにくくな

ることもむくみを悪化させる原因になります。

1日7回の水分摂取で体内の水分を枯渇させないようにすることは、むくみの解消にもつながります。

ご自身の思い込みを払拭するのは大変かもしれませんが、まずは1週間だけ試してみて、体の変化を確認されるのがよいかと思います。

Q 水を飲みすぎているかどうか、自分で判断できますか？

A 体の不調を感じるか舌の状態で判断できます！

1日7回水を飲むようになり、以前にはなかっただるさ、吐き気、めまいなどを感じるようになったのであれば、それは飲む水の量が多すぎるのかもしれません。そういった場合は、1回に飲む量を半分にするなどして、様子をみてください。

また、中医学では舌診といって、**舌の状態から体内の水分バランスを判断します**。鏡の前であっかんべをしてみましょう。

舌の縁に歯形がついてギザギザしているようでしたら、水分代謝がうまく行われていない可能性があります。1日7回の水分摂取のタイミングで80ページでご紹介したストレッチをプラスして、排出力を高めるようにしてみるとよいでしょう。

ほかにも食事の際に、利尿作用を高めるきゅうりなどを一品足すのもおすすめです。

次のページに利尿作用のある食べ物を紹介しますので、ぜひ参考にしてみてください。

利尿作用のある食材

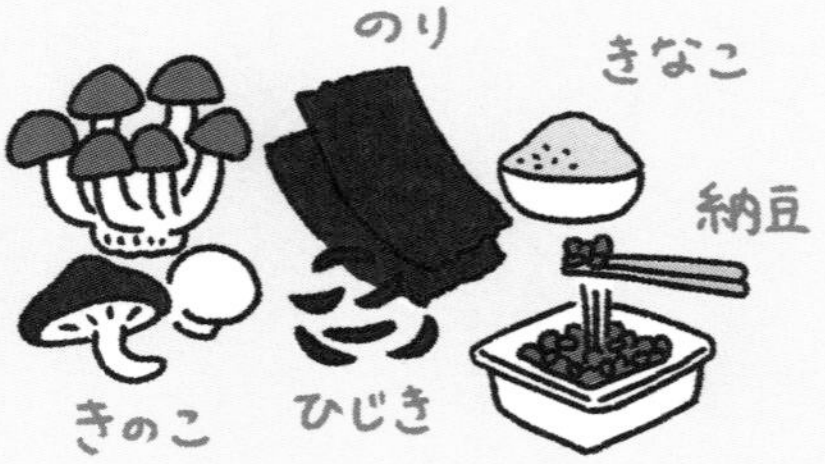

利尿作用のある野菜

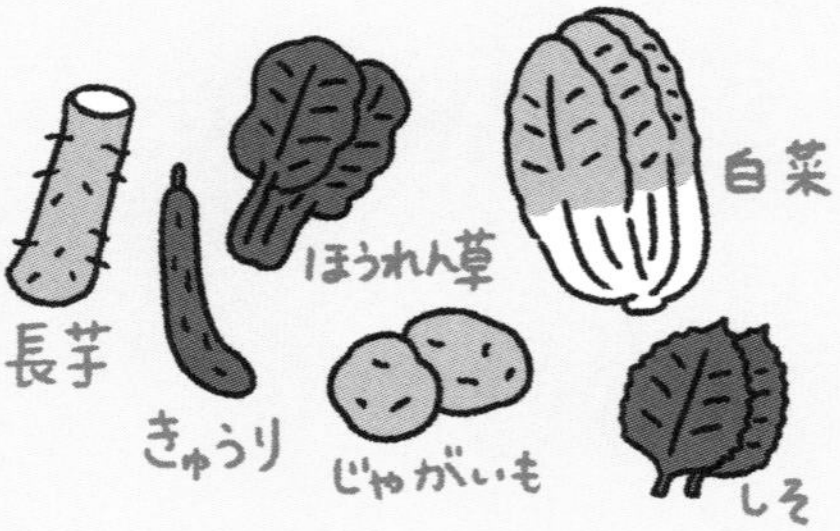

利尿作用のある果物

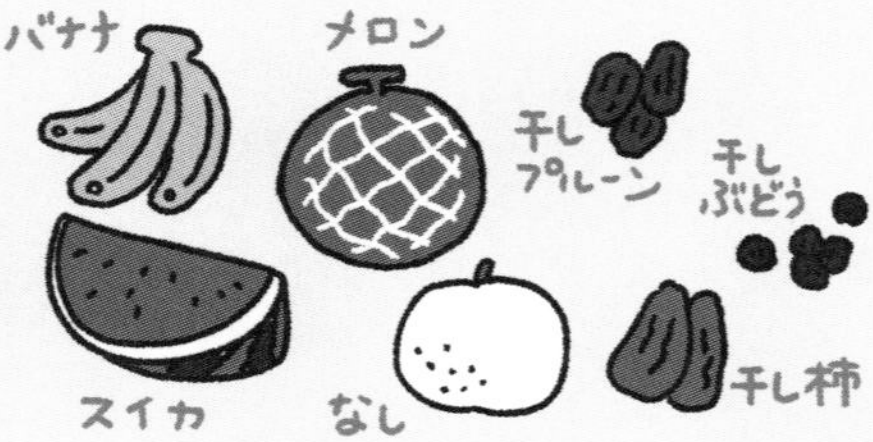

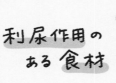

Q 硬水は飲みにくいけど、一番効果がありそうで……どうしたらいい？

A 目先の効果にとらわれず、自分が一番飲みやすいものにしましょう

ダイエットはストレスを溜めないことと、続けやすいことが絶対条件です。とくに、1分水飲みダイエットは短期決戦ではなく、長期的に習慣として根付くことを最終目標としていますので、**硬水にこだわらずいつも自分が飲んでいる水、飲みやすい水を飲むことからはじめてみましょう**。

もし、気持ちに余裕があるようでしたら、いろいろな種類の水を買ってきて、飲み比べてみるのもいいかもしれません。

その中で気に入った水を飲むようにすれば、前向きな気持ちで1分水飲みダイエットに取り組めるのではないでしょうか。

Q 水分代謝がうまくいくようになる薬はありますか？

A ご自身の体質や悩みに合う漢方があります！

漢方薬は心身を整え、自然に治す力（自己回復力）を高めることで症状を改善していきます。またさまざまな症状に対応したり、ご自身の体調や状態に合わせて選ぶことができたりするので、漢方薬がおすすめです。

むくみがちな方は「五苓散《ごれいさん》」、むくみのほかに肩こりや冷えが気になる方は「当帰芍薬散《とうきしゃくやくさん》」、むくみがちでぽちゃぽちゃとしたタイプ、汗っかきのタイプの方は「防已黄耆湯《ぼういおうぎとう》」をお試しいただくのがよいかと思います。

漢方は病院で処方してもらったり、薬局で購入したりすることができます。なにが自分に合うかわからず、不安を覚える方は一度医療機関に相談してみましょう。

Q 1分水飲みダイエットをしてはいけない人はいる？

A 基本的には誰でもOKです

水は人体にとって必要不可欠なものですし、体に害になるような成分は含まれていませんので、基本的にはどなたにでも取り組んでいただけます。

ただし、医者から水分摂取を控えるようにいわれている方は医師の指示に従ってください。また、病院で薬などを処方されている方は、必ず担当医に相談をしてから取り組むようにしましょう。

くり返しになりますが、**健康な方でも適量を超えて飲みすぎれば体にとって害になることもあります**ので、ご自身の体調、活動量、気温などの環境要因と相談しながら実践してください。

おわりに

もう早速、コップ1杯の水を飲んだ方もいるでしょうか。本書を読み終えて、水が体にもたらす作用を十分に知った今は、「水を飲まなきゃいけない」という義務感から解放され、「水を飲みたくて仕方がない」という前向きな気持ちに変化したのではないでしょうか。

本来、ダイエットは難しいものではありません。体に必要とする食事から栄養をしっかり摂り、代謝し、老廃物など不要なものを排出する力が備わっていれば、誰でも自然とやせて適正体重に落ち着きます。

体液がしっかりと巡っている体は、太らないし、病気にもなりにくいのです。

しかし、世の中ではいろんなダイエット法が紹介され、どれもこれも効果がありそうだと試していくうちに（その好奇心と行動力は賞賛されるべきものです！）、なにが自分にとって必要なのか、わからなくなってしまっている人が多いように思います。

1日7回水を飲む。生きていく上で基本中の基本である、水を飲むということ。灯台もと暗しとはまさにこのことで、人間にとって必要不可欠である水の存在に目を向けたら、私自身も水の素晴らしさを再認識することができました。

「1分水飲みダイエット」は短期決戦のダイエットでも、その場しのぎのダイエットでもありません。自身の健康を保つために生涯にわたって続いていく、新しい生活習慣だと思って、コツコツと続けていってください。

「最近、目覚めがいいな」「なんだか肌の調子がいいな」「疲れにくくなってきたな」。そんな感覚が得られたら、とてもよい循環で水が巡ってきた証拠です。

どうか、水を飲むことをきっかけにご自身の体の変化に敏感になって、よりよいこれからを築いていってほしいと思います。

工藤孝文

工藤孝文（くどう・たかふみ）

ダイエット外来医・内科医・糖尿病内科医・漢方医

福岡県みやま市出身。福岡大学医学部卒業後、アイルランド、オーストラリアへ留学。帰国後、大学病院、地域の基幹病院を経て、現在は、福岡県みやま市の工藤内科で地域医療に力を注ぐ。専門は、糖尿病・高血圧・脂質異常症などの生活習慣病、漢方治療・ダイエット治療など多岐にわたる。「より多くの人の病気を予防する」をモットーに、医療、健康に関する情報発信を積極的に行っており、NHK「あさイチ」、日本テレビ「世界一受けたい授業」、フジテレビ「ホンマでっか!?TV」などのTVをはじめ、さまざまなメディアに出演している。著書・監修書籍は100冊以上に及び、『1日1杯飲むだけダイエット やせる出汁』(アスコム)は15万部を超えるベストセラーになっている。

脂肪がスルスル落ちていく
1分水飲みダイエット

2023年4月28日　第1刷発行

著者	工藤孝文
発行者	大山邦興
発行所	株式会社 飛鳥新社 〒101-0003 東京都千代田区一ツ橋2-4-3 光文恒産ビル 電話（営業）03-3263-7770 （編集）03-3263-7773 http://www.asukashinsha.co.jp
印刷・製本	中央精版印刷株式会社

ISBN 978-4-86410-950-5

編集担当　松本みなみ